Norbert Schaaf

Zum Autor

Norbert Schaaf ist Pfarrer der Christengemeinschaft in München-Schwabing.

Vom Autor liegen bereits folgende Publikationen vor:

Mandorla – Expedition in den Zwischenraum.

Downunder Beuys. Eine Erzählung über Joseph Beuys und den »Darmstädter Block«.

N O R B E R T   S C H A A F

5G
und ICH

FSC
www.fsc.org
MIX
Papier aus verantwortungsvollen Quellen
Paper from responsible sources
FSC® C105338

Die Bibliografische Information der Deutschen Nationalbibliothek

Die Deutsche Nationalbibliothek verzeichnet diese Publikation in der Deutschen Nationalbibliografie; detaillierte bibliografische Daten sind im Internet über www.d-nb.de abrufbar.

ISBN 978-3-934969-93-3

Dank an Beate

Inhalt

1

Kruzifixus
Evolution und Untersinnlichkeit
Der Vorteil vom Nachteil

Auf der Fahrt, donauabwärts, kurz vor der Ankunft auf dem Campingplatz, sah ich es: ein hellblaues Kreuz auf dunkelblauem Grund. Der Querbalken geschwungen, zwei Flügeln gleich, der Stamm ein großes schmales Blatt, eine Lanzette. Wunderschön. Wie ein Kruzifixus der Romanik, schwebend zwischen Schwere und Leichte: »Kommt her, schauet mein Auferstehen, atmet auf, seid gesegnet.« Im nächsten Moment sehe ich, was ich so sah, anders. Das auf dem Plakat ist ja ein Wal. Tot auf dem Meer treibend, mit ausgebreiteten Flossen, dem Himmel zugewandt. Darunter der Satz: *Stirbt das Meer, stirbt der Wal.* Da schlägt die Wahrnehmung von Schönheit um in Schmerz. Und die Liste ist um eine Eintragung länger geworden: Gletschersterben, Polschmelzen, Bienensterben, Baumsterben, Versteppung, Wal-Sterben …

Evolution war immer ein Kommen und Gehen, ein Auf und Ab, ein Verwandeln, ein Wandel auch des Klimas. Erstmals erscheint heute Klimawandel als Klimasterben. Was ist da anders geworden? Der Mensch wirkt mit, ich habe Anteil am Geschehen, wir sind die Veranlasser, unsere Lebensweise, unsere Zivilisation, sie verursachen diese Tode mit – und Teil des Dramas ist: eben diese Zivilisation wird ihren Status quo nicht halten können. Wenn das Meer steigt, wird die Küste, die doch in unserem festen Besitz zu sein schien, sich nicht halten lassen, uns wieder, nach so langer Zeit, genommen werden samt ihren Wohn-Orten.

So sehe ich das Plakat im Urlaub in Österreich und bin augenblicklich umgestimmt. Du kannst hinfahren, wo du willst, selbst in einem Land ohne Meer triffst du die Sorge ums Meer an. Am Straßenrand. Und wird an dein Gewissen appelliert, an dein Gefühl.

Plakate, die 5G kommentieren, gibt es dagegen nicht, und auch Greenpeace plant kein Aktionen, die dann in den Nachrichten kommen. Es ist still um diese Sache. Elektromagnetische Wellen, selbst bei hundertfacher Erhöhung ihrer Strahlkraft und Verdichtung, kann man nicht sehen. Unsichtbares, Unhörbares, sinnlich nicht Greifbares ist uns immer noch fern, als müsste man daran erst glauben,

glauben lernen. Noch unglaublicher erscheinen uns Beschreibungen von Wirkungen auf den Menschen, auf die Natur, auf jegliches Leben. Außerdem ist unser Sorgenpotenzial bereits überstrapaziert. Bitte nicht noch eine Geschichte, für die ich verantwortlich sein soll, die verhindert werden muss. Außerdem – ist nicht sowieso alles schon geplant? Smart Cities, Smart Cars, Internet der Dinge. Es kommt sowieso, wie es kommt. Oder sogar: genau das wollen wir?!

Nur ärgerlich, dass einige Zeitgenossen keine Ruhe geben. Legen Studien auf den Tisch, die beweisen, dass, medizinisch gesehen, die fünfte Generation des Mobilfunks eine Katastrophe bedeutet. Listen kursieren mit Krankheiten, die, so wird vorausgesagt, epidemisch auftreten werden:

Erschöpfung, Burnout, Allergien, Immunschwäche, Schlafstörungen, Unruhezustände, Kopfschmerzen, Tinnitus, Gedächtnisstörungen, Erinnerungszerfall, Augenreizungen, Herzrhythmusstörungen, Schwindel, Rückgang der Fruchtbarkeit, Blutbildveränderung, DNA-Brüche, Hirntumore, Darmkrebs,

Hautkrebs. Die Blut-Hirn-Schranke wird geöffnet, und Umweltgifte erhalten Zugang zum zentralen Nervensystem.

Das Leiden hat bereits begonnen, wird aber als privates Problem abgetan, als stimmte da etwas mit der Psyche nicht. Denn »offiziell ist gar nichts nachgewiesen«. Es herrscht Nachweisunterdrückung. Wer dennoch dagegenredet, gerät unter Verdacht, er sei gegen den Fortschritt, gilt schlimmstenfalls als Verschwörungstheoretiker. Ein Blick in die gut sortierten Buchhandlungen zeigt es doch: Klimawandel ist ein Thema, Bienen sind vertreten, Bäume, alles, was mit der oben genannten ersten Liste zu tun hat. Auch künstliche Intelligenz und virtuelle Realität werden von umfangreichen Büchern kommentiert und in ihrer epochenumwälzenden Wirkung beschrieben. Das alles hat den Kitzel des Neuanfangs. Wir stehen an einer Wende auch unseres Selbsbegreifens. Nur das energetische Medium selbst, das hierfür notwendige alldurchdringende Funknetz, bleibt unkommentiert. Übersinnlichkeit (Arbeit mit den Chakren, Hellsichtigkeit gegenüber Naturgeistern und Engeln, Karma,

Reinkarnation …), dafür gibt es die Esoterik-Ecke. Untersinnlichkeit, und darum geht es hier, fehlt.

Petitionen gegen den Ausbau und gegen die Intensivierung des Netzes werden verteilt, liegen da und dort aus, im Bioladen oder in einer Kirche. Ebenso Broschüren, die jene zweite Liste, die der krankmachenden Wirkungen, enthalten. Wer Näheres erfahren will, muss googeln: Die Fülle der Fakten, die im Internet aufgeführt werden, ist enorm. Tausende von wissenschaftlichen Untersuchungen liegen seit Jahren vor. Sie werden als ungenügend vom Tisch gewischt. Man lasse die Sprache der Kritiker und diejenige der Befürworter einmal auf sich wirken. Da spricht sich etwas aus, was jeder dank seines eigenen Wahrheitsgefühles »lesen« kann. Eine Arbeit, der sich keiner entziehen sollte. Zunehmend gibt es nun auch öffentliche Vorträge von seriösen Wissenschaftlern, die Orientierung geben und auf den Ernst der Lage hinweisen.

Wir befinden uns in einer Lage, die derjenigen vor Jahrzehnten gleicht, als Menschen hinwiesen auf die krankmachende Wirkung der Atomkraftwerke. Zunehmende Leukämie in angrenzenden Ortschaften konnte zwar nicht verheimlicht werden, aber ihr Aufkommen wurde als nicht überprüfbar und die Behauptung der Ursächlichkeit als unwissenschaftlich dargestellt. Wer aber muss wann etwas zuerst beweisen? Gibt es nicht so etwas wie eine Vorsorgepflicht des Staates?

Die allerdings würde bedeuten: Ehe nicht gründlich und vor allem von unabhängiger Seite erwiesen ist, dass derart gesteigerte Mikrowellenbestrahlung kein Angriff auf das Leben darstellt, darf auch dem wirtschaftlichen Wettbewerb nicht nachgegeben werden. Und um genau den handelt es sich hier. Der Bürger selbst, so sickert jetzt bereits durch, kann in seinem Privatleben 5G gar nicht wirklich nutzen. Franzosen, Schweizer, Polen ziehen die Konsequenz und sorgten dafür, dass nur ein Bruchteil (in der Schweiz 10 %) der in Deutschland genehmigten Strahlungsintensität in ihren Ländern erlaubt wird.

Was bleibt, ist die Angst, die Ohnmacht oder das Augenverschließen. Wird schon nicht so schlimm werden.

Oder kann sich dem offenen Hinschauen noch etwas anderes ergeben? Provoziert am Ende der technische Fortschritt gerade durch seine Problemstellen auch ein ganz anderes, ein geistiges Fortschreiten?

Mit dieser Frage gehe ich schwanger. Ihretwegen setze ich mich hin und schreibe. Auf der Suche nach der unerwarteten, aber möglichen Nebenwirkung der Nebenwirkungen von 5G.

Dabei erlaube ich mir einen Exkurs über Ethik und Religion: was den Dalai Lama bewegte, indem er über den Schatten der Religion sprach. Ich werde mich vorarbeiten zum Epizentrum des Problems und wir werden Tod und Leben in Frage gestellt sehen. Dann beginnt die Arbeit. Die Lösung eines modernen Orakels. Schritt für Schritt werde ich eine kleine Alltags-Apokalypse entrollen. Keine ängstigende, eher eine Mut machende, indem ich erzähle vom Vorteil des Nachteils und wie ich selbst ihn nutzen möchte.

2

Dalai Lama und Ethik
Religion erfinden
Mutiges Sprechen an der Schwelle
Der Tod hält mich wach

Dass die Menschlichkeit nicht auf der Strecke bleibt, die alle Nationen, Kulturen und Religionen umfassende Menschlichkeit, dafür kämpft der friedliche Dalai Lama, der selber ein Symbol geworden ist für das Grenzübergreifende, weil er selbst ausgegrenzt und heimatlos ist. Hierfür lieben wir ihn, obwohl er ein Mann der Religion ist, einer alten dazu, deren Rituale dem Himalaja gleichen in seiner majestätischen Unveränderlichkeit. Tibetischer Buddhismus. Gebetsmühlen, Mandalas, Muschelhörner. Der Ewigkeitston und Dauerpuls der raunenden Gebetslitanei. Klosterleben.

Dennoch erscheint der Dalai Lama unkonventionell und erfrischend. Lächelnd und zugleich tiefernst verkündet er: Ethik ist wichtiger als Religion. Und er ist sich der Zustimmung seiner Zuhörer gewiss, wenn er ihre, also unsere Schmerzstellen berührt, indem er zusammenfasst: Religion predigt zwar Frieden, hat aber Kriege gebracht, Entzweiung statt Einigung, Unterdrückung statt Befreiung.

Ethik dagegen ist, was alle Menschen erst menschlich macht, was über alle Grenzen hinweg uns einigt: Respekt, Toleranz, Empathie, Achtsamkeit, Hilfsbereitschaft, Freiheit, Gleichheit, Brüderlichkeit und, damit der Einzelne diesen Forderungen auch innerlich gewachsen sein kann: Meditation. In der Meditationspraxis sei die Quelle aller Ethik, die jeder bei sich aufsuchen und offen halten muss. Arbeit an sich selbst im Dienste einer weltweit möglichen Ethik. Tägliche Friedensarbeit.

Dann greift er zu einem sprechenden Bild: Religion ist wie Tee, Ethik aber wie reines Wasser. Wir brauchen Wasser zum Leben, nicht unbedingt Tee. Tee, also Religion, ist ein Genussmittel mit zu vielen Nebenwirkungen, wie die Geschichte gezeigt hat.

Predigt also dieser Mann der Religion das Aus derselben? Oder zumindest Enthaltsamkeit, Bedachtsamkeit im Umgang mit ihr und ihren Nebenwirkungen? Aber im nächsten Moment beugt er sich mit anderen Mönchen über ein Mandala, bringt farbigen Sand in ein Muster, das seit Jahrhunderten unveränderlich ist, um dann nach tagelanger stillschweigender Arbeit alles zusammenzukehren und in einen

Fluss zu schütten, damit der das Gebet in die Welt trägt.

Was aber wäre denn religiöse Enthaltsamkeit?

Die oben begonnene Aufzählung ethischer Tugenden lässt einen spüren: Ja, damit sind wir noch lange beschäftigt, da stecken wir noch in den Kinderschuhen. Die Liste ist außerdem erweiterungsbedürftig, denn zur Brüderlichkeit gehört im dritten Jahrtausend unübersehbar auch noch die Sorge um den Planeten. Unsere Verantwortung gegenüber der Kreatur, dem gesamten Lebensraum, ist Teil des Ganzen. So haben wir es zu tun mit einem erweiterten Begriff des Sozialen: Sorge tragen für Mensch, Tier, Pflanze, Wasser, Luft, kurz, für das Leben. Und Ethik ist unser Überlebenstraining in und mit diesem erweiterten sozialen Gewebe, diesem Gesamt-Klima. Hat das nicht die Potenz einer neuen Religion, einer Religion mit notwendigen Wirkungen statt mit unerwünschten Nebenwirkungen?

Diese den lebenden Planeten selbst und alle seine Bewohner verbindende Ethik ist wirklich weitreichend, überlebenswichtig. Sie hat mit Recht das Überleben, das Leben selbst im Sinn. Und da scheint es nur konsequent, dass sie eines ausspart: den Tod. Dass wir irgendwann den Schauplatz hier verlassen, dass wir endlich sind, oder unendlich, wie man es nimmt; aber diese unsere Unendlichkeit bleibt ja nicht hier im Endlichen, sie führt uns an eine Schwelle und über sie hinaus. Spätestens dort, an dieser Schwelle, ist das Hoheitsgebiet auch der erweiterten Ethik an ihr Ende gekommen, da greift sie nicht mehr. Keine Sozialversicherung, keine Lebensversicherung, kein Eingebundensein in irgendein ethisches Netzwerk reicht über diese Grenze hinaus. Das Nichts, der Geist, der Ort nach allem Räumlichen, die Zeit jenseits aller Zeitlichkeit, sie erwarten uns allein: Ich sterbe. Auch wenn meine Lieben um mich herum sind, ich mache den Schritt. Egoismus und Ethik, beide entlassen mich im selben Augenblick. Und: Ich habe es immer gewusst, diese Zukunft war immer da, immer schon nah. Als Wirklichkeit, als Umkehrbild des Lebens, als die andere Seite der Medaille. Nur die Angst davor ließ es mich ausblenden.

Wenn Ethik hier aufhört, was fängt hier

denn spätestes an? Religion.

Mein gelebtes Verhältnis gegenüber dem lebenslang unsichtbaren, aber nahseienden Tod, das ist letztlich Religion. Und darin liegt auch schon die religiöse Enthaltsamkeit. Eine Ohnmacht innerhalb des Weltlichen. Ein wundersames Loslassen. Ein Einlassen auf die Angst vor dem »Nichts«, vor dem Geist. Ein Mut. Und nicht erst in der Sterbestunde.

Ich unterrichte Religion. Eines Tages, das Schuljahr hatte gerade begonnen, fragte ein Schüler der zwölften Klasse: Was machen wir in diesem Schuljahr (in dem letzten, wo wir noch das Fach Religion haben)? Könnten wir nicht, nach allem, was wir bisher behandelt und gelernt haben, unsere eigene Religion machen?

Diese Frage war mir nie gestellt worden, sie zeugte, so glaube ich heute, von dem eben erwähnten Mut und hatte dadurch eine solche Autorität, dass die ganze Klasse sich darauf einließ. Und das nicht nur für ein, zwei Diskussionsrunden, sondern für ein ganzes Schuljahr!

Wir untersuchten wochenlang das Phänomen Ethik, angeregt durch den Dalai Lama, und, langsam, Woche für Woche, das Phänomen Religion.

In der allerletzten Stunde schickte ich die Schüler hinaus. Jetzt kam das Schwerste: Sprich auch du. Sprich zu deinem Gotteswesen. Höre, ob du ihm etwas zu sagen hast. Eröffne den Dialog. Mach den Anfang. Und davor: wie ist dein Name für ES? Wie willst du dieses göttliche Wesen nennen, ansprechen?

Das war übrigens die schönste »Entlassung«, die ich je als Religionslehrer getätigt habe: Geht hinaus, sucht euch einen Platz unter einem Baum oder irgendwo, und seht zu. (Nur einer wollte nicht gehen, er wollte mir weismachen, dass das doch gar nicht ginge, dass ich da etwas Unmögliches verlange …)

Am Ende kamen alle, auch dieser eine, und übergaben mir etwas. Das, was sie gefunden hatten, die Niederschrift dessen, was sie in dieser Entlassenheit hatten fassen können. Erst zu Hause fand ich die Zeit, die kleinen und großen Zettel auseinanderzufalten und zu lesen. Mein Auge blieb nicht trocken:

Du Ich Alles Garnichts

Das ist der Versuch einer Schülerin, einen Namen zu bauen. Sie hat das Einseitige einer Person im Himmel aufgebrochen in ein Dialogisches: *Du Ich*. Sie setzt sich selbst ein als Bestandteil dieses Wesens. Das Wichtige ist ihr diese Bezüglichkeit. Diese erweitert sie mit dem nächsten Wort: *Alles*. Nicht nur ich, sondern das Ganze gehört zu diesem Wesen, alles Existierende. Und schließlich noch alles nicht Existierende, das Nichts: *Garnichts*. Du Ich Alles Garnichts. Ein Name.

Ein Schüler findet zwölf Eigenschaften. Im Zentrum seines Hymnus schafft auch er Zwischenraum, indem er Gegensätze zu Hilfe nimmt, um das Bild zu erweitern, um dem Umfassenden dieses Wesens Raum zu geben:

Epizentrum aller Erdbeben
Hüter aller Sonnen
Quell aller Wasser
Bündelung aller Kraft
aus Nichts etwas machend

aus etwas Nichts machend
In jedem seiend
nirgendwo auffindbar
Geschlechtslos
Schöpfer aller Geschlechter
Gegensatz und Vereinigung
Fragen stellend und Antworten gebend
wer, wo, was bist du?

Er lässt seinen Gesang – als ein solcher mag die poetische Kraft seiner Worte erscheinen – münden in ein Fragen. Er führt sich so selbst ins Hören, sein Amen ist ein Lauschen.

Ein anderer Schüler berührt das göttliche Wesen an seiner offensten Stelle, dem Ohr. Was er selber dort hineinzusagen hat, das lässt er noch offen. Er fühlt Erhörungspotenz, unabhängig davon, ob er jetzt schon spricht:

Der du Teil bist, von alledem, was ist
höre mich

Eine Schülerin vertraut ihrem göttlichen Gesprächspartner die Schwierigkeit an, die im Glauben liegt. Weiß aber auch zu berichten, dass Erlebnisse, wie der Tod eines nahestehenden Menschen, ihr geholfen haben, zu fühlen, etwas wahrzunehmen, was sonst verborgen bleibt:

Vielleicht beginnst du auch erst zu existieren,
wenn wir an dich glauben,
manchmal ist es schwer an dich zu glauben,
da der Alltag so weit weg von all dem
Unglaublichen ist
doch manchmal, nach Erlebnissen,
wie dem eines Todes,
war ein starkes Gefühl der Heiligkeit
oder Liebe
oder tiefe Ruhe
im Raum
Danke

Eine andere Schülerin wiederum gesteht ihren Atheismus, liefert aber kein leeres Blatt ab. Ich finde eine Zeichnung vor, eine »Wolke«, bestehend aus lauter Sternen und Herzen! Das hat mich besonders berührt. Attribute des Kosmos und des Menschen, Stern und Herz, locker verteilt im Raum eines quer liegenden

Ovals, ohne dass dieser Raum durch eine Linie abgezirkelt ist. Fast eine Liebeserklärung an das Numinose.

Du bist Halt

Dies war die kürzeste Wendung. Ich musste schmunzeln, da ich aus der Trockenheit der drei Worte beides hören konnte: Du bist mein/unser Halt. Und ganz lapidar: Du *bist* halt. Betonung auf *bist*. Deine Haupteigenschaft ist es, zu sein.

Es gibt sie also, Worte, die wir, mitten im Leben und doch an der Schwelle stehend, finden, hören und sprechen können. Keine »Lieber-Gott-mach…«-Worte, die die Gottheit auf den alten Magier reduzieren, der meine Sache in Ordnung bringen soll, sondern Sprache, die sie, die unhörbare Gottheit, aufsucht, die Gottheit, welche selbst aber hörsam ist und zugleich unseres Hörens bedürftig, die also fragt: Was spricht das Menschen-Ich mir zu? Was kann ich diesem Ich dadurch werden?

Und ich war auch stolz auf diese jungen

Menschen, dass sie so eigenständig und ehrlich waren in ihren Äußerungen. Dass sie das Paradoxale als Mittel angewandt haben, um Zwischenräume zu schaffen, die erst aufnahmefähig sind für jenes Große.

Wir hatten herausgefunden, dass Religion, im Gegensatz zur Ethik, wesentlich mit Schwelle zu tun hat. Gebet ist mutiges Sprechen mit Schwellenbewusstsein. Heißt das nun doch wieder *memento mori*, gedenke des Todes? Halt ab und zu inne und bedenke doch, dass du sterblich bist?

Ich schreibe jetzt – im Unterricht war das noch kein Thema – unter dem Eindruck dessen, dass wir dem Tod einen neuen Spielraum zugestehen. Elektromagnetische Wellen in 5G-Intensität, weltweite, lückenlose Mikrowellenbestrahlung nehmen mir solches Predigen ab, indem sie selbst ganze Arbeit leisten. Nicht, indem sie predigen, sondern indem sie stillschweigend jeden Kubikzentimeter des Raumes, alles Leibliche, also alle irdische Körperlichkeit samt ihrer atmenden, lebendigen und sozialen Zwischenräume, durchdringen, durchschneiden, durchblitzen, durchschauen, verfolgen. Tag und Nacht ist Durchzug. Dasselbe Feld, von dem wir erkannt haben, dass es das Hoheitsgebiet der Ethik ist (das Brüderliche, das Leiblich-Kreatürliche, das Zwischenmenschliche, alles Lebendige auf dem Planeten), wird zunehmend von Kräften durchzogen, die das Gegenteil alles Ethischen darstellen, wird durchzogen von Kränkung, vom Angriff auf das Leben. Das Leben, jenes letzte Geheimnis, das die Wissenschaft noch nicht gelüftet hat, wird versehrt.

So wird mir also abgenommen zu sagen: *Gedenke des Todes*. Der spricht sich selbst aus und macht uns zu Denkmälern seiner selbst, er ruft sich selbst in körperliche Erinnerung. Ich bin als sein Denkmahl zugleich ein wandelndes Wundmal – auch wenn eine konkrete Krankheit noch nicht ausgebrochen ist. Es wird an ihr gearbeitet.

Gedenke des Todes wird so zu einem alltäglichen Spüren, etwas wie das Erleben eines neuen Klimas: feinste Beben, unhörbare Donner, unsichtbare Blitze. Scheinbar unwirklich, aber atmosphärisch mächtig und wirksam. Sogenannte Elektrosensible (kein schöner Name für Menschen mit einer feineren Wahrnehmungsfähigkeit) erweisen sich als Fortgeschrittene im konkreten körperlichen Erleben der untersinnlichen Strahlung. Sie sollten Bücher schreiben.

Was uns eventuell nicht abgenommen wird, ist die Frage: Nachdem alle Petitionen umsonst gewesen sein werden und nachdem diese Intensivbestrahlung immer mehr und überall sein wird, wie verhalte ich mich dabei, was erleide ich und zu was erhebe ich mich?

»Der Tod hält mich wach«, sagte Joseph Beuys. Das klang zu seiner Zeit noch mystisch. Jetzt nicht mehr. Jetzt ist dieses Aufwachen notwendig geworden.

3

Homo Deus
Maschinenmensch

Yuval Noah Harari hat eine Geschichte von morgen geschrieben: *Homo Deus*. Darin schildert er Fakten und Tendenzen und beschreibt dem fassungslosen Leser, dass der Tod abgeschafft werden soll. Dieselbe Technik, die unsere Lebenskräfte angreift, soll ermöglichen, dass der alte Menschheitsfeind Tod endlich in seine Schranken verwiesen wird. Es sei nur eine Frage der Zeit und des Geldes, aber der Tag wird kommen, wo alle Fehlerquellen und Schwachstellen unseres Körpers, alle Abnutzungserscheinungen und Alterungsprozesse in den Griff bekommen sein werden. Krankheit wird noch im Entstehen abgewendet werden. Eine Spezial-Forschungsstelle von Google z. B. arbeitet fleißig daran. Silicon Vally als das neue Jordantal, wo der perfekte Mensch aus der Taufe gehoben werden wird. Die künstliche Intelligenz wird die nur menschliche verdrängen, die Beherrschung des Körpers als einer reibungslos funktionierenden Leibesmaschine ist geplant und Ziel dieser ganzen neuen Kultur.

Wenn aber der Tod entmachtet wird, wenn wir ihn erstmals in der Geschichte nicht mehr zu fürchten haben werden, dann ist zugleich ein anderes auch abgeschafft: das Nachdenkenmüssen über ein Jenseits. Und wenn das Jenseits nicht mehr ist, dann gibt es logischerweise auch keine Schwelle mehr, die zu ihm unheimlicherweise hinführt. Und wenn es den Schwellenübergang und die Angst davor nicht mehr gibt als Problem, dann fällt das größte Problem überhaupt weg: das dunkle Denken an Gott, das verheißungsvolle Glauben, das unkreative Hoffen. Somit fällt Religion weg und alle ihre Nebenwirkungen, bis hin zum Fundamentalismus. Das wäre dann also auch erledigt. Das Mittelalter endlich auch am zähesten Punkt ausgemerzt. Wie lange hat das dauern müssen! Überwindung des Todes ist nicht länger das Monopol des Jesus Christus. Es wird Kulturgut. Homo Deus.

Beim freien Wiedergeben dieser Visionen in eigenen Worten verfalle ich wie von selbst in einen ironischen Ton. Auch Hararis Buch ist von einer Art, dass bis zuletzt unklar bleibt, wie er selbst dazu steht. Ob als überzeugter Prophet oder als ironischer Berichterstatter.

Die neueste Technik hat also ein offizielles

und ein inoffizielles Gesicht:

Offiziell bringt sie Fortschritt, ja Erlösung von den Grundübeln Krankheit, Hunger, Unglück und Tod. Auf dem Weg dahin lernt sie, den Menschen als unvollkommene Maschine vollkommen und beherrschbar zu machen. Leider ist das hochdosierte, den Planeten als Netz umspannende elektromagnetische Grundmittel, das dazu notwendig ist, selber gesundheitsschädigend. Aber das ist angesichts des großen Vorhabens ein zu vernachlässigendes Problem, oder ein letztlich auch noch zu lösendes. Und darüber muss auch gar nicht berichtet werden, warum Leute vor den Kopf stoßen? Angst passt nicht ins Konzept, sie ist geschäftsschädigend. Darum ist dieses zweite Gesicht bedeckt. Es ist das inoffizielle Gesicht, das verheimlichte.

Das Angestrebte, die vermeintliche Potenz der Maschinen-Kultur, hat den Nimbus des Utopischen. Soll ich´s glauben? Nein, das werden die nie schaffen … Aber alle Intelligenz und alles Geld werden doch darauf angewandt, ist es also nur eine Frage der Zeit?

Das Verheimlichte, der Nachteil des Vorteils, hat den Nimbus des Albtraums. Wenn ich den ernst nehme, mache ich mich dann als Hypochonder lächerlich?

So erlebe ich mich also selbst janusköpfig, indem ich zwischen Utopie und Hypochondrie hin und her schiele.

4

Paul Celans Flaschenpost
Sprich auch du
Nein und Ja
Den Schatten lesen
Apokalyptiker

Aus dem bisher Skizzierten folgt: Zu was kann ich an der Schwelle erwachen? Wie komme ich aus der gespaltenen, verdunkelnden Janusköpfigkeit heraus zu meinem einen An-Gesicht, zur heute gebotenen Hell-Sicht? Was kann ich dem Untersinnlichen als ein Übersinnliches ausgleichend hinzugesellen?

Wäre dieses Büchlein ein einfacher Ratgeber, müsste jetzt der Antworten-Teil kommen. Ich »antworte« mit einem Rätsel, das, wenn es gut geht, einem modernen Orakel entspricht. Hierzu wähle ich ein Gedicht aus von Paul Celan. Er war als Dichter eher ein wandelndes Wundmal. Als ein mit Worten Heilender zugleich ein Unheilbarer. Als Tröster ein Abgrundbewohner. Geboren als Jude in Cernowitz 1920, in Paris aus dem Leben in die Seine gestiegen, 1970. Als Suizidaler nicht eben ein mutmachendes Vorbild. Auch ein Januskörpfiger. Aber mit seiner Sprache arbeitete er an dem dazwischenliegenden Gesicht, seinem An-Gesicht, das nicht in die Seine ging. Deshalb spurt seine Dichtkunst heute vor, sie hat überschüssige Bildekraft, vielleicht auch die meines Antlitzes, deines Antlitzes. Sie meint dich. Sie fordert auf, zu hören. (Aber lies langsam! Lern am besten auswendig. Murmle, lalle, singe den Text. Sag ihn beim Gehen, hör ihn beim Stehen in der U-Bahn.)

Sprich auch du

Sprich auch du,
sprich als letzter,
sag deinen Spruch.

Sprich –
Doch scheide das Nein nicht vom Ja.
Gib deinem Spruch auch den Sinn:
gib ihm den Schatten.

Gib ihm Schatten genug,
gib ihm so viel,
als du um dich verteilt weißt zwischen
Mittnacht und Mittag und Mittnacht.

Blicke umher:
sieh, wie`s lebendig wird rings –
Beim Tode! Lebendig!
Wahr spricht, wer Schatten spricht.

Nun aber schrumpft der Ort, wo du stehst:
Wohin jetzt, Schattenentblößter, wohin?
Steige. Taste empor.
Dünner wirst du, unkenntlicher, feiner!
Feiner: ein Faden,
an dem er herabwill, der Stern:
um unten zu schwimmen, unten,
wo er sich schimmern sieht: in der Dünung
wandernder Worte.

Celan wusste nichts von unserer Fragestellung und Herausforderung im Jahr 2020. Ich bin es, der es jetzt auf seine Kappe nehmen wird, Celans damaliges Dichten mit unserem heutigen Fragen zusammenzuhalten. Das aber heißt, ich werde jetzt sein Wortgebilde einspeicheln, aufessen, nachschaffen, nacherzählen und neu wiedergeben, nachdem ich es verdaut habe, kurz: ich werde es interpretieren. Dazu habe ich seine Erlaubnis, so, wie jeder sie hat. Dazu hat er das Gedicht in die Welt entlassen mit der bangen Frage: Hört es einer? Fühlt sich jemand angesprochen? Empfängt jemand Inspiration? In seiner Bremer Rede verglich er das Gedicht mit einer Flaschenpost, *»aufgegeben* *in dem – gewiss nicht immer hoffnungsstarken – Glauben, sie könne irgendwo und irgendwann an Land gespült werden, an Herzland vielleicht. Gedichte sind auch in dieser Weise unterwegs. Sie halten auf etwas zu. Worauf? Auf etwas Offenstehendes, Besetzbares, auf ein ansprechbares Du vielleicht, auf eine ansprechbare Wirklichkeit (…) Es sind die Bemühungen dessen, der, überflogen von Sternen, die Menschenwerk sind, der, zeltlos auch in diesem bisher ungeahnten Sinn und damit auf das unheimlichste im Freien, mit seinem Dasein zur Sprache geht, wirklichkeitswund und Wirklichkeit suchend*«.

Ich sagte, Celan wusste nichts von unserer Fragestellung. Aber auch er wusste sich »überflogen von Sternen, die Menschenwerk sind«. (Satelliten?) Ich weiß mich durchleuchtet von Strahlen, die Menschenwerk sind. 5G.

Gedichtinterpretation im Deutschunterricht war sicher nicht jedermanns Sache. Der Lehrer wusste immer schon und vor allem immer schon besser als wir Schüler, was der Dichter eigentlich sagen wollte. Wie gesagt, jetzt muss ich es allein auf meine Kappe nehmen, dieses Eigentliche herauszuarbeiten. Zwei Jahrzehnte schon trage ich das Gedicht im Gepäck mit mir herum. Irgendwo in meinem Hintergrund summte es immer leise vor sich hin oder es schwieg. Und plötzlich wird es aktiv, wie ein erloschen geglaubter Vulkan. Was hat es denn geweckt? Mein Fragen hat es gerufen: Was mache ich angesichts der Strahlung? Wie wird uns Hilfe zuteil? Gilt Hölderlins Versprechen in seinem Patmos-Gedicht auch im dritten Jahrtausend? »... *denn wo Gefahr ist, wächst das Rettende auch.*« Und da hörte ich diesen Celan, dieses Gedicht neu, es war zur Stelle, es mischte sich in mein Denken, ich fühlte mich von ihm inspiriert. So kommt es, lieber Leser, liebe Leserin, dass ich dir jetzt einiges zu erzählen habe. Ich hoffe, es wird nicht allzu schulmäßig und schon gar nicht besserwisserisch. Packen wir`s an:

Sprich. Blicke umher. Steige.

Ich höre im Verlauf des Gedichts drei Haupt-Verben, drei Aufforderungen, nicht wissend, wer da auffordert. Ein Mensch, ein Engel, ein Gott? Wer auch immer, er hat mich im Blick.

Und das im Hinblick auf etwas mich Umgebendes. Mir wird etwas zugetraut.

Sprich – Doch scheide das Nein nicht vom Ja. – Was ich sagen soll, bleibt mir überlassen: es ist ja mein Spruch. Aber zu achten habe ich darauf, wie diese Sprache zustande kommt. Dass etwas nämlich nicht geschieht, was üblicherweise zu geschehen pflegt: dass das Ja vom Nein geschieden wird. Nein oder Ja! Positioniere dich, entscheide dich. Unterscheide. Scheide, halte auseinander. So haben wir`s gelernt. Sprechen heißt trennen. Teilen. Das ist Mitteilung. Selbst Computersprache beruht auf 0 und 1. Algorithmus kommt so weit, wie er kommt, durch scharfe Trennung. Ein Jein führt zu nichts. Die heute angestrebte Höchstform an Intelligenz, die künstliche Intelligenz, beruht auf diesem Konzept: Ja oder Nein. Entweder, oder. Jetzt aber werde ich neu instruiert: Sprich – Doch scheide das Nein nicht vom Ja! – Was bleibt denn, wenn ich diese Klärung, diese Scheidung so nicht vornehme?

Joseph Beuys saß einmal im Zug und hörte, wie zwei Frauen miteinander sprachen. Eigentlich sprach nur die eine. Die andere hörte zu und kommentierte lediglich mit zwei Worten, mit Ja und mit Nein. Ja ja ja ja … nee nee nee nee … ja ja ja ja … nee nee nee nee. Die Redende fühlte sich offenbar gut verstanden und wusste ihren Wortstrom gut aufgenommen.

Beuys aber lauschte zunehmend der Zuhörerin. Er sammelte ihre Ja`s und Nein`s, ihren Rhythmus. Spürte diesen beiden Ufer-Worten nach, dem linken und dem rechten, die jenem anderen Sprachfluss das Flussbett bereiteten. Und noch lange nach dieser Zugfahrt pulste das nach. Es wollte was draus werden. Zeit verging. Aber eines Tages saßen er und ein anderer vor einem Publikum und sie sprachen. Nichts als Ja und Nein. Eine ganze Stunde lang!

Ja ja ja der eine, nee nee nee der andere.

Sie trennten nicht das Ja vom Nein, sie fügten es geduldig wieder zusammen.

Ja ja ja ja ja
nee nee nee nee nee
ja ja ja ja ja
nee nee nee nee nee …

Es kam dabei etwas in Fluss. Nur was? Nicht eine andere Rede, die blieb aus. Wer im Publikum über die Empörung, über die Langeweile, über das Einfordern hinweggekommen war, fand sich als Zeuge wieder. Da ereignete sich ja eine Ankunft. Der Zwischenraum war lebendig geworden, sprach zunehmend zuversichtlich sich selbst aus, hatte die Trennworte bei der Hand genommen und ging, mit ihnen, heiter-ernst seiner Wege. Da kam etwas Großes daher!

Aber kann das gemeint sein im Gedicht, so, auf diese kindhafte Weise das Ja und das Nein wieder zu vereinen, in einem Spiel, einem Ritus?

Vielleicht tatsächlich mal als eine Art Kur, als eine Lockerungsübung, ein erster, den Humor einladender Anfang. Nur, lustig ist das dann auch wieder nicht! Halte mal eine halbe Stunde nur durch, indem du diese Beuys-Aktion wiederholst. Da gehört schon was dazu. Und dann noch wach bleiben für das, was dabei geschieht, was mehr ist als die beiden Komponenten Ja und Nein. Wach bleiben für das unhörbare dritte Element.

In den Gebeten der Schüler kann das Zusammenkommen von Ja und Nein bereits beobachtet werden. Sprache an der Schwelle baut eine Brücke. Nicht nur zwischen Diesseits und Jenseits, Menschen- und Gottes-Ich, sondern auch in ihrer eigenen Bildlichkeit und Logik.

aus Nichts etwas machend
aus etwas Nichts machend
in jedem seiend
nirgendwo auffindbar
Gegensatz und Vereinigung

Oder die Atheistin: Obwohl sie nicht glauben kann, zeichnet sie im freien Raum schwebende Sterne und Herzen, eine Wolke, voller Zwischenräume. Sie sagt Nein und auch wieder Ja zu dem Unsichtbaren, das sie sichtbar macht. Sie hält sich in der Schwebe.

Und in unserer Fragestellung? Wir janusköpfigen Bewohner der Erde, in einer Zeit, wo wir ihr und uns eine Strahlung bescheren, die uns an die Schwelle katapultiert? Wo Technik Tod bekämpft und Tod bringt? Ja und Nein zugleich?

Ich selbst: nutze ein Smartphone. Kenne die Nebenwirkungen. Bemerke meine Angst. Registriere Zeitverlust und Nervosität durch das Benutzen der Medien, die versprechen, dank ihrer phantastischen Schnelligkeit Zeit zu sparen, schreibe am Laptop einen Text über das Leben mit der Strahlung …

Ist das schon jenes Nichtscheiden von Ja und Nein, oder einfach nur Widersprüchlichkeit, Widersinn? Gespaltenheit?

Das wird davon abhängen, ob es mich zerreißt oder ob ich die Widersprüche bei der Hand nehme und gemeinsam mit ihnen den Weg anders fortsetze und sie dabei versöhne: durch das Bewohnen des Raumes zwischen den Antipoden. Große Worte für kleine Schritte im Alltag.

Sprich –
Doch scheide das Nein nicht vom Ja.

Nicht genug damit:

Gib deinem Spruch auch den Sinn:
gib ihm den Schatten.

Der Inhalt meines Sprechens ist meine Sache. Aber ich soll einen Weg finden zwischen Nein und Ja, durch die Versöhnung der Widersprüche, in die das Leben mich stellt, die ich selber herstelle. Und ich soll meinem Sprechen genug Schatten geben. Denn das ist meines Sprechens Sinn. Schatten, wie ich ihn um mich herum verteilt weiß, unentwegt, Tag und Nacht.

Das Rätsel verdichtet sich. Das Phänomen Schatten existiert bei Tag und – anders, aber doch auch – bei Nacht. Die Impressionisten liebten es, Schatten zu malen, weil in ihm immer die Gegenfarbe der Dinge aufscheint, die Komplementärfarbe. Der Schatten vervollständigt so immer die Farbpalette, bringt ergänzend das Ganze zur Erscheinung.

Der Schatten ist nicht nur Abwesenheit von Licht, er zeigt das auf, was sonst unsichtbar bliebe! Das Nachbild. Das Nachbild von Blau ist Orange, das von Gelb ist Violett, das von Rot ist Grün. Beziehungsweise jeweils umgekehrt. Das Nachbild von Grün ist Rot usw.

Nachbilder stellen sich ein. Sie sind keine bloße Einbildung, sondern objektiv vorhanden, Bestandteil eines jeden sinnesphysiologischen Aktes. Und somit nicht nur vorhanden im Sehprozess, auch wenn das Phänomen uns dort am vertrautesten ist. Aber ebenso können wir zum Beispiel sprechen vom Nach-Klang. (Nach dem Gespräch, wie geht es dir da, was ist dein Nachklang?) Und der Nachklang ist bei feinem Hinhören nicht die Wiederholung, nicht die Kopie des mit den Ohren Gehörten. Da zeigt sich eine ganz andere Schicht, etwas, das hinter den Worten oder Tönen gelebt hat, eine ergänzende Botschaft.

Auch die Zunge kennt das Phänomen. Wir reden vom Nachgeschmack. Und diesen Ausdruck übertragen wir sogar auf Begegnungen, die gar nichts mit unserem Geschmackssinn im engen Sinne zu tun haben. (Na, was ist dein Nachgeschmack?) Und auf solchen Nachgeschmack, oftmals am nächsten Tag erst, nachdem wir darüber geschlafen haben, basieren einige unserer Entscheidungen.

Nachbilder, Nachklänge, Nachgeschmack: Die Schatten-Seite unserer Eindrücke, die ohne dieselbe ärmer wären, unvollständig, weniger sinnvoll. *Gib deinem Spruch auch den Sinn, gib ihm den Schatten.*

Nun soll also auch meine Sprache, was von mir ausgeht, ein Vollständigeres, Vielschichtigeres und somit Sinn-Volleres werden?

Weiter: Auch in der Psychologie ist der Schatten (seit C. G. Jung) ein wichtiger Begriff. Er meint das vom Menschen, was der selbst an sich verneint und fortschiebt als hässlich, peinlich, böse. Die Grimasse seiner selbst, das, was ihn in einen unliebsamen, erschreckenden Spiegel schauen lässt. Doch der verbannte Schatten fängt an, ein Eigenleben zu führen und seinen Eigner zu belästigen auf seinem Weg, solange dieser Weg ein Fluchtweg ist: weg vom Schatten. Der Schatten ist, könnte man sagen, extrem anhänglich und will dazugehören, anerkannt sein. Therapeuten sprechen von der Integration des Schattens. Von der Versöhnung des Menschen mit dem abgetrennten Teil seiner selbst. Dadurch kann

Heilung stattfinden. Ganzheit sich ereignen. Und das hat Strahlkraft. Es kann von anderen wahrgenommen werden als Authentizität, als Originalität, als Charakter. Als Ermutigung, es selbst auch zu versuchen.

Rudolph Steiner beschreibt den Schatten in vergleichbarer Weise als ein zu uns gehörendes Wesen, als Doppelgänger, der uns entgegentritt im Augenblick des Todes. Als würde das nachtodliche, überirdische Licht Schatten werfen, nicht von uns weg, sondern zu uns hin, uns zur Offenbarung: Schau dich an, das ist dein Bruder, deine Schwester. Du hast sie zeitlebens aktiv übersehen. Spätestens jetzt musst du den Mut aufbringen, sie anzuschauen. Dein Schwellenübergang führt nicht daran vorbei. Dein Schatten ist ein Hüter der Schwelle.

Rudolf Steiner beschreibt die freiwillig vorgenommene Beschäftigung mit dem eigenen Schatten mitten im Leben als Selbsterkenntnis-Vorgang, als Schulungsweg. Das ist deswegen möglich, weil die Schwelle zur geistigen Welt, der Tod, in Wirklichkeit immer nah ist. *Der Tod hält mich wach* war die Formulierung

Joseph Beuys` für diese tägliche Arbeit an der Schwelle.

Und noch ein Schatten-Aspekt: Vor 5000 Jahren gab es die Kultur der Kelten. Wir nennen sie die Megalithkultur. In Britannien und in der Bretagne, in Irland und Schottland stehen sie heute noch: große Menhire, allein, als Standing Stones oder in Reihen, Allignements oder im Kreis, Steinkreise. Bis heute geht Faszination von diesen Steinen aus. Archaische Kraft und Präsenz. Ebenso von den Dolmen, eng stehende Steinkreise, die mit einer mächtigen Steinplatte, altarähnlich, abgedeckt sind, in die man hineingehen kann.

Stonehenge wird in der Fachwelt beschrieben als ein riesiges Instrument zur Errechnung der Zeit. Wo befinden wir uns im Jahreslauf? Welches rituelle und landwirtschaftliche Handeln ist in Gleichschaltung mit dem Kosmos angesagt? Die solche Weltenuhr Lesenden wurden Druiden genannt.

Noch mal Steiner: Er beschreibt die priesterliche Tätigkeit der Druiden noch etwas anders. Es war damals noch nicht wie heute die

Zeit des Messens und Errechnens, vielmehr gebrauchten die Kelten ihre steinernen Monumente als Orte des bewusst erzeugten Schattenwurfs. Der Priester also suchte den Schatten auf, diese Abwesenheit des äußeren Lichtes der Sonne, um jetzt nicht wie die Impressionisten die Gegenfarbe zu erleben, sondern das innere Licht der Sonne. Das Nachbild der Sonne. Im Schatten hatten sie Zugang zur geistigen Sonne, nachdem der Stein das physische Licht »draußen vor gelassen« hat. Ins Innere des Sonnengeistes traten sie. Der Schatten war ihnen der Kommunikations-Ort mit dem geistigen Wesen der Sonne. Heute stehen die Steine da als stumme Zeugen solcher priesterlichen Wahrnehmung und Vermittlung zwischen Himmel und Erde.

Auch wenn uns die steinernen Reste noch beeindrucken können, was haben wir Modernen zu tut mit einer solchen, längst vergangenen Schattenkultur? Kann so eine Fähigkeit nach 5000 Jahren wieder aktuell werden? Ist es wieder an der Zeit, zu einer anderen Wahrnehmung zu kommen? Jetzt nicht mittels aufgestellter Steine, aber mittels aufgebrachten

Mutes, sich dem eigenen Schatten zu stellen. Und weiter noch: Die elektromagnetische Strahlung, die ich als untersinnlich bezeichnet habe, als ein versehrendes, unsichtbar-blendendes Unlicht, dieses »Licht« wirft auch einen Schatten! Einen Schatten, der uns dringlich aufruft, in ihm zu lesen. Sein Nachbild wahrzunehmen!

Denn so fährt das Gedicht fort:

Blicke umher:
sieh, wie`s lebendig wird rings –
Beim Tode! Lebendig!
Wahr spricht, wer Schatten spricht.

Auch vorhin war die Rede vom Umkreis gewesen. Vom Schatten, den wir um uns verteilt wissen. Und jetzt: Blicke umher! Schau dich um und du wirst bemerken, dass dort, wo Tod ist, zugleich Leben sich zeigt. Beim Tode, rings, wird es lebendig!

Mir will scheinen, als hätten wir jetzt das Epizentrum des Gedichtes erreicht. Die Ja-und-Nein-Philosophie ist nun Lebenspraxis geworden. Denn größere Widersprüche als

Leben und Tod gibt es nicht in unserem Begriffssystem. Und die oben eingeschlagene Richtung wird weiterhin konsequent verfolgt: Scheide das Nein nicht vom Ja, den Tod nicht vom Leben, den Schatten nicht vom Licht, das Nachbild nicht vom Bild: und du wirst sehen! Denn an dieser Nahtstelle wird deine Wahrnehmung eine ungeahnte Tiefe, Vielschichtigkeit und Einsicht erlangen! Sehen nämlich wirst du das geeinte Gesicht, das dich direkt anschauende Antlitz von Lebenundtod, das Angesicht von der unzerteilten Ganzheit dieser und aller anderer Antipoden, wie es in seiner Versöhnung geistig leuchtet. Ein messianisches Ge-Sicht.

Und hindurchgegangen durch solche unerhörte Wahrnehmung, wirst du anders sprechen. Von nun an wird der Schatten Bestandteil deiner Rede sein. Und du wirst der Wahrheit näher gekommen sein: *wahr spricht, wer Schatten spricht.*

Hier könnte das Gedicht enden, wenn es nur belehrenden Charakter hätte. Dann wäre sein Epizentrum ein riesiges Ausrufezeichen.

So ist es! Nun mach! Komm in diese Art der Wahrnehmung und du wirst wahr nehmen. Ende der Aufforderung. – Aber es ist etwas in Fluß gekommen, es kann jetzt ein wunderbar rhythmischer Abgesang folgen, eine Apokalypse sich auftun, eine Offenbarung.

Bei Johannes, am Ende des Neuen Testamentes, in seiner Offenbarung, lesen wir: Ich, Johannes, war auf der Insel Patmos … um dem Logos zu begegnen, dem göttlichen Wort … ich hörte hinter mir eine gewaltige Stimme … als ich mich umwandte, um zu sehen, was da zu mir sprach, sah ich … ein Antlitz, eine Gestalt … und ich fiel zu ihren Füßen nieder, wie tot … fürchte dich nicht, sprach sie, ich bin Alpha und Omega, ich war tot, dennoch trage ich das Leben der Welt durch alle Äonen, mein ist der Schlüssel zum Reiche des Todes und der Schatten.

Umwenden hat er sich müssen. Sein Wahrnehmen umkehren für das dann in Erscheinung Tretende. Nicht ohne Furcht ging das vonstatten. So geht es uns an der Schwelle. Dort aber wird er (werden wir) berührt von dem, der den Zwiespalt Leben-Tod überwunden hat, der den Zugangscode hat zum Reich des Schattens, weil er selber ungeteilt ist, Alpha und Omega zugleich, Urbeginn und Weltenziel.

Bei Celan heißt dies:

Nun aber schrumpft der Ort, wo du stehst:
Wohin jetzt, Schattenentblößter, wohin?
Steige. Taste empor.
Dünner wirst du, unkenntlicher, feiner!
Feiner: ein Faden,
an dem er herabwill, der Stern:
um unten zu schwimmen, unten,
wo er sich schimmern sieht: in der Dünung
wandernder Worte.

Nun aber. Nachdem du eine Beziehung zum Licht *und* zum Schatten aufgenommen hast und deine Sprache durch deine Umwendung, deine Einsicht, deinem Blick aufs Ganze an Wahrheit gewonnen hat, nun verändert sich deine bisherige Verankerung in der physischen Welt, dein Verhältnis zu den irdischen Dingen. Dein bisheriger Standpunkt kommt ins Schwanken, du bemerkst Bewegung, wo bisher Festigkeit war. Du stehst mit einem Bein zwar noch im Hiesigen, mit dem anderen aber bereits im Jenseitigen. Du bist ein Schwellenbewohner geworden. Deshalb schrumpft der eine äußere Ort, wo du stehst. Dieser scheinbare Verlust veranlasst dich zu einer weiteren Handlung. Raffe dich auf. Jetzt, wo beim Schwellenübergang selbst dein Schatten von dir noch abgesprungen ist, *Schattenentblößter*, vermagst du in eine neue Dimension hineinzuwachsen. *Steige. Taste empor.* Erhebe dich. Dabei wirst du selbst eine Veränderung erfahren. Deine Konstitution wird subtiler, durchlässiger, und sogar dein bisheriges Selbstverständnis, deine Identifikation hat sich gewandelt: *Dünner wirst du, unkenntlicher, feiner.* Dadurch aber reichst du weit hinauf, dorthin, wo der *Stern* zu Hause ist. Dem bereitest du eine Bahn, eine Schneise herab ins Irdische. Unten kann er sich selbst wiederfinden *in der Dünung wandernder Worte.* Der Stern spiegelt sich in der Dünung: Wandernde Worte, eine Menschensprache, die sich auf den Weg gemacht hat, die den Schatten hinzugewonnen hat, reflektiert ihn. Erst so angereichert und vervollständigt, ist die menschliche Sprache resonanzfähig, reflexionstauglich. Und er, der Stern, erkennt sich selbst wieder, sein Wesen wird ihm zurückgespiegelt. Er ist das Wort. Der Logos. Das Wort.

»Im Anfang war das Wort, und das Wort war bei Gott, und ein göttliches Wesen war das Wort«, ein Stern. Jetzt findet es sich wieder im menschlichen Wort, nachdem dieser aufgewacht ist an der Schwelle und nachdem er an seiner »Sprache«, an sich selbst, gearbeitet hat.

Sprich. Sprich auch du. Und in deinem Sprechen spricht sich jetzt mehr aus als nur dein Eigenes.

(Auch der eben zitierte Anfang des Prologs des Johannes-Evangeliums feiert nicht nur den göttlichen Ur-Sprung des Wortes, sondern berichtet dann im weiteren Verlauf auch von der Schwierigkeit, die mit seiner Einwohnung in den Menschen zu tun hat.)

5

Verdichtung – Lichtung
Nadelöhr Gegenwart
Welturaufführung
Hör auch du

So weit mein Versuch einer Gedichtinterpretation. In einer Art Anhang möchte ich Arbeitsfelder anführen, wo die Prozesse, von denen das Gedicht spricht, konkreter noch beschrieben werden. Dazu nutze ich wieder meinen pädagogischen Erfahrungshintergrund.

Zum Religionsunterricht gehört auch der Konfirmandenunterricht – vielleicht die größte Herausforderung innerhalb der Religionspädagogik. Noch kommen sie, die Dreizehn-, Vierzehnjährigen; ausgestattet mit Smartphone und cooler Skepsis. Diese löst sich schlagartig auf, wenn ich sie, kaum haben wir alle unsere Namen genannt, schon wieder hinausschicke (noch so eine schöne Entlassung!) auf die Leopoldstraße, die gut frequentierte Café- und Fußballfeier-Meile Münchens. An der aufkommenden Freude ändert auch der diffizile Auftrag nichts, den sie mit auf den Weg bekommen: Geht zu zweit und interviewt die Passanten: »Wenn Christus heute erscheinen würde, wie sähe er dann aus?«

Zack ist die Kirche leer! In einer halben Stunde sollen sie wieder da sein und ihr Mitgeschriebenes vorlesen. Und sie kommen wieder, aufgeregt, erwärmt, mitteilsam: Wie die Leute reagiert haben, wie sie selber sich gefühlt haben in der Rolle als Interviewer, herzerfrischende Anekdoten.

Dann beginnt die Sichtung. Was habt ihr denn so zu hören gekriegt? Ich schreibe alles auf an der Tafel, versuche spontan zu ordnen, was da so heraussprudelt. Es ergeben sich drei Spalten, drei Kategorien:

Die einen sagen: Er wird so aussehen wie damals, lange Haare, Bart, Gewänder … – Die anderen sagen: Er sieht aus wie du und ich, T-Shirt, Jeans, Dreitagebart, ein Tänzer, ein Rapper, ein Flüchtling am Straßenrand … – Und wieder andere sagen: Er sieht überhaupt nicht aus, denn er ist nur ein Licht, eine innere Anwesenheit, ein Friede.

Würde ich jetzt fragen: Und ihr, wie seht ihr das?, dann würde die eben erreichte Aufgeschlossenheit dem Verdacht weichen, dass ich irgendwas von ihnen will, dass ich es am Ende sowieso besser weiß, als Pfarrer eben. Stattdessen lasse ich das mal so stehen und bringe in der Woche darauf eine große Kiste mit, voller im Herbststurm von den Bäumen abgefallener

Zweige, fingerdick, armlang, streckengrad, bizarr gekrümmt und halmondrund. Auf dem Boden ist eine große Leinwand ausgerollt, zwei mal drei Meter, den Inhalt der Kiste verteile ich um die weiße Fläche herum. Einer der Konfirmanden soll sich in die Mitte legen, die Arme ausgebreitet wie Christus am Kreuz. Nur kurz, damit die Proportion und die Größenverhältnisse für alle klar sind, ehe ich den neuen Auftrag erteile: Legt, einer nach dem anderen, jeder einen Zweig auf die Leinwand. Wieder und wieder. Bis alle aufgebraucht sind. Redet nicht dabei und schaut, dass in der nächsten halbe Stunde Christus am Kreuz sichtbar wird. Lebensgroß. Der Gekreuzigte am Kreuz. Den bildet ab, habt ihr ja tausendmal gesehen, hier in Bayern.

Jetzt beginnt, zunächst sehr zögerlich, dann immer zügiger, ein wundersames Wachsen. Der Stamm wird angelegt, der Querbalken erscheint, erste Körperformen heben sich ab, in Strümpfen laufen sie über das helle Feld, bücken sich, legen Zweige, schauen den anderen dabei zu. Die Schönheit des Anfangs ist irgendwann verloren gegangen, Zweige liegen kreuz und quer übereinander, ein Verwirrspiel, eine Skulptur eher als eine Zeichnung, struppiger Nestbau irgendwie in Kreuzesform. So richtig froh sind sie nicht damit. Aber die Aufgabe ist erfüllt. Christus am Kreuz sichtbar. Pause!

Nach der Pause steigen wir auf eine Bockleiter und sehen uns das Ganze von oben an, aus der Vogelperspektive.

Und dann der nächste Arbeitsgang: Welchen Zweig könnte man wegnehmen, ohne das Bild zu zerstören? Nehmt Zweig um Zweig alles wieder weg, was nicht unbedingt nötig ist. – Diesmal gibt es keine Berührungsangst, das Gelände ist vertraut. Das große Abräumen beginnt. Wieder wortlos, ohne Verabredung. Ab und zu muss ich bremsen, der Sog ist enorm. Stopp! Schaut mal, was sich verändert hat, klettert auf die Leiter, und macht dann erst weiter. – Die Skulptur glättet sich, wird langsam zweidimensional, nachdem, wie beim Mikadospiel, Übereinanderliegendes vorsichtig herausgezogen wird. Nach der Verdichtung kommt nun die Lichtung. Das Kreuz selbst ist verschwunden. Der Leib am Kreuz ist noch sichtbar und der Ernst von Golgatha nicht verloren gegangen – aber der da mit ausgebreiteten Armen schwebt, ist zugleich ein Tänzer! Auferstehung hat sich seiner bemächtigt. Es ist leicht geworden, durchsichtig. Lücken und Zwischenräume lassen Raum für Ahnung, haben die Form geweckt. Jetzt erscheint er uns. Ihr habt ihn erscheinen lassen! Wenn jetzt ein Fremder hereinkäme, was würde er sehen in den wenigen Zweigen, die da vor uns noch auf dem Boden liegen? Würde er sehen und erkennen, was wir da deutlich vor uns haben? Einige zücken, statt zu antworten, ihr Handy und dokumentieren den flüchtigen Fund. Schlussfrage: Wer hat das gemacht? Kein Einziger hätte das allein so zeichnen können. Da sind wir uns einig. Es entstand: trotz allen, zwischen allen. (Und ich allein hätte es ihnen niemals so zeigen und nahebringen können, in keinem Museum der Welt.)

So weit der Bericht eines didaktischen Prozesses. Des Weiteren versuche ich den Prozessverlauf zu »lesen« unter Zuhilfenahme der drei uns schon bekannten Verben aus dem Gedicht. *Sprich, blicke umher, steige.*

Sprich:
Eine Gruppe von Menschen hat etwas »ausgesprochen«, was es bisher nicht gab. Ein neues Schrift-Zeichen wurde von ihnen erstmals sichtbar gemacht. Das Legen der Zweige zum Bild war ein Vorgang des Jasagens: Vorstellungen wurden ausgeführt, Bekanntes strömte zusammen. Verdichtung. – Das Reduzieren der Zweige war ein Vorgang des Neinsagens: Wegnehmen, auslöschen der Formen, Leer-Räume erzeugen. Auflösung. Lichtung.

Ja und Nein, Verdichtung und Lichtung arbeiteten zusammen. Die alten Vorstellungen (Verdichtung) waren der Humus für das neu Erscheinende (Lichtung), indem sie starben. Die Gruppe hat im Tun eine Schwelle erreicht, wo niemand helfen und sagen konnte: so geht es. Das Risiko, alles zu zerstören, war hoch.

Blicke umher:
Nur die Umsicht, der verlangsamte Blick aufs Ganze war die Rettung. Keiner war dabei aber der Anführer, es war aber auch kein »demokratischer« Akt: »Wer ist dafür, diesen Zweig noch wegzuräumen?« Es ging nicht um

ein Mehrheitsprinzip. Vielmehr waren alle Zeugen einer Dynamik. Keine Herde blökte, sondern eine Gemeinschaft von Individuen schwieg und lauschte und kam in einen Arbeitsvorgang, der Neues hervorbrachte.

Steige:
Dabei veränderten sie sich! Pubertierendes, Scheues, Lautes, Besserwisserisches, und »keine Ahnung/Nullbock« fielen ab. Sie wuchsen über sich selbst hinaus. Sie tasteten sich an ihrer eigenen Zukunftsmöglichkeit empor, sie sprangen über ihren eigenen Schatten. Schattenentblößt bemerkten sie, freilich ohne gleich Worte dafür zu finden, dass an ihnen, an ihrer Tat, aus dem Bereich des Unsichtbaren etwas herabkam in die Sichtbarkeit. Ein Zeichen senkte sich herab. Auf dem Boden der Tat-Sachen war es für alle lesbar geworden. Auferstehliches selbst sieht sich da schimmern.

Sprich – blicke umher – steige. Der soeben beschriebene Vorgang war ein künstlerischer. Aber nicht nur. Er war zugleich ein sozialer. Ein sozialkünstlerischer Akt, der Neues hervorbrachte, was sich, da es »nicht von dieser Welt« ist, nicht hätte allein manifestieren können. Es ereignete sich ein neuer Begriff von Religion. Celan bespricht oder ersingt mit seinem Gedicht eine Kulturform, die unsere heutige, überkommene, religionsferne ablöst. Eine Dynamik.

In einer Zeit, wo die Mehrheit sich ihr Wissen und ihre Orientierung aus dem Internet herunterlädt, dessen Quelle von einer anonymen Instanz verwaltet wird, in einer Zeit, wo technische Intelligenz ganze Felder menschlichen Denkens und Handelns übernimmt, dürfen wir uns den Luxus gönnen (um in dem gewonnenen Freiraum nicht Sklaven der Maschine zu werden), schöpferisch zu werden, wieder religiös, sozial »in einem bisher ungeahnten Sinn«.

Ein Zug, der allem Gegenwärtigen anhaftet, ist Speed. Beschleunigung. Als wäre Schnelligkeit, wenn sie einmal fast an Lichtgeschwindigkeit heranreichen wird, der Gipfel alles dessen, was wir hier auf Erden erreichen können, sei es auf dem Gebiet des Transportes oder

der Kommunikation. Letztere scheint ja auch vordringlich ein Transportproblem zu sein. Wie schnell kommt die Information von hier nach dort und überall hin? 5G verspricht das schnelle Vernetzten mit dem Überall. Nur so können wir mithalten. Wer dieses Angebot ausschlägt, bleibt auf der Strecke. Gut. Wir werden es gar nicht ausschlagen können. Aber es wird des Ausgleichs bedürfen.

Es gibt hierzu genügend Literatur, das Stichwort Entschleunigung ist in aller Munde, die Diagnose liegt längst vor: dass wir nämlich keine Zeit mehr haben. Dass das Verweilen in der Gegenwart eine verloren zu gehende Eigenschaft ist, vom Aussterben bedroht. Dass Warten, Träumen und Müßiggang verpönt sind. Dass Technik, die Zeit verspricht durch Abkürzung, sich seelisch als Zeitfresser auswirkt. Dass wir enorm viel Zeit darauf verwenden, zu recherchieren, was gewesen ist durch einen herrschenden Dokumentations- und Kontrollzwang. Und dass wir ebenso viel Zeit darauf verwenden, zu planen, was kommen soll, zur Verbesserung und Absicherung: damit, was kommt, nicht nur gut ist, sondern immer besser und besser. *Keine Zeit!* heißt genau genommen: keine Gegenwart, kein Ruhen im Augenblick, kein Leben, kein Ich. Philosophen, Dichter, Psychologen, Priester, Schamanen und Mediziner sind sich ausnahmsweise einmal einig: Der kostbare Keimpunkt der Zeit liegt im Jetzt. Das Nadelöhr Gegenwart kann ein Kamel hindurchlassen, wenn dieses es geschickt anstellt. Aber so gut wie kein Mensch gelangt hindurch. (An dieser Stelle beweist sogar das Neue Testament Humor in der Bildsprache: »Eher geht ein Kamel durchs Nadelöhr, als dass ein Vermögender, einer, der sich mit dem Haben mehr identifiziert als mit dem Sein, ins Himmelreich gelangt.)

Ich bin das Leben. Eines der *Ich-bin*-Worte, die Christus uns vorgesprochen, vorgelebt hat. Ist das die Essenz seines Testamentes: Sprich auch du, Mensch: ich – bin – das Leben? Nimm es wahr, mache es wahr! Nicht: Es war einmal, oder: Eines Tages werde ich dahin kommen zu leben. Sondern Präsens: Ich bin. Ich bin Leben.

»Ja, wenn wir glücklich und zufrieden sein könnten, dann wäre ja die Gegenwart als reines

Jetzt o. k., dann könnten wir wie Buddha aufgehen im Augenblick und Nirwana erreichen, nichts mehr wünschend, mit nichts hadernd! Das wäre ein Leben.« Wer kennt nicht die Stimme der naiven Illusion in sich. Natürlich bin ich verpflichtet, aus der Vergangenheit zu lernen und Zukunft zu ermöglichen, der Blick nach hinten und vorn gibt mir Bewusstseinsraum. Aber auch er ist ergänzungsbedürftig heute, er muss geradezu umgestülpt werden. Wir müssen auch »aus der Zukunft lernen« (Otto Scharmer). Das heute notwendige Neue ist nicht die Fortsetzung dessen, was in der Vergangenheit gut war und sich dort bewährt hat, denn die aktuellen Herausforderungen bedürfen ganz neuer, aus der Zukunft inspirierter Methoden. Aber auch gegenüber dem vermeintlich Vergangenen steht eine Änderung an. Es wird darum gehen, Vergangenheit zu ermöglichen! (Dieses Verb benutzten wir bisher nur gegenüber der Zukunft.) Jetzt also: Vergangenheit ermöglichen, indem wir sie anerkennen, ihr erlauben, zu sein: Das neue Amen. Ja, so sei es! Die Vergangenheit ist erst komplett und befriedet, wenn wir ihr jetzt, in der Gegenwart, den Segen erteilen. Und das hat, erstaunlicherweise, augenblicklich Auswirkungen auf unser Sein, unser *Ich bin*.

Machen wir den Test, ganz unspektakulär, mit einer Tagesration von Zeit: Ich schaue abends zurück auf die Geschehnisse dieses einen Tages. Das und das war und jenes. Ich werde meinen Weg nachzeichnen, am besten von hinten beginnend und mich an den Anfang vorarbeitend, durch die unterschiedlichsten Stationen. »Rück-Schau« im wahrsten Sinn des Wortes. Das stieß mir zu, jenes habe ich veranlasst. Jetzt ist es in der Welt. Ich mag stolz sein darauf oder es bereuen, es ist Tatsache geworden. Auch andere werden es als Geschehenes in ihrem Tagesrückblick antreffen. So wie man beim Schwimmen in einem See durch wärmere und kältere Stellen kommt, so hält auch der Tag warme und kalte Zonen bereit. Ich ging hindurch. Wo fand ich aber mich? Keine Station, keine Begegnung, keine Lust, keine Freude, kein Schmerz war ich selbst. Ich war immer nur der Hindurchgehende! Oder anders betrachtet: Ich war für kurze oder längere Zeit Gastgeber der Dinge und Wesen. Ich kann sie jetzt in der nacherzählenden Schau in meinem Innenraum miteinander bekannt machen. In mir traf sich Welt auf unvergleichliche Weise. Ich bin der Zeuge dieser Zusammenkunft. Diese ist immer Welturaufführung! Wo? In meinem wahrnehmenden Denken: jetzt. Und ich bin ein dankbares Publikum. Denn ich habe die Macht, zu empfinden und dann zu sagen: Danke, Tag. Und der Tag wird sagen: Hey, dass du mich so angeschaut hast, das erleichtert mich, macht mich friedlich. Danke ebenso! Gute Nacht.

Wer solche Friedensarbeit getan hat, geht anders in die Nacht. Wird am Folgetag vielleicht auch einen anderen Sinn haben für sein neuerliches Begegnen und Hindurchgehen. Wird gestimmt sein, auch Vertrauen zu haben in die Schicksalsfigur des nächsten Tages. Wird ihn anders empfangen, wird lernbegierig sein können: aus der Zukunft!

Der Schlaf ist ein kleiner Tod. Sterbenden gelingt es zuweilen, in die Hellsicht zu kommen, heilig zu werden. Sie verbringen unter

Umständen Tage, Wochen, Monate damit, im Gegenwartsraum Zeit zu schaffen für die eben geschilderte Arbeit. Lebensrückblick als erweiteter Tagesrückblick. Menschen mit einem Nahtoderlebnis berichten sogar davon, dass sie in einem großen Augenblick ihr ganzes Leben wie ein Panorama überblickten. Aber warum warten, bis dass der Todesengel uns aufmuntert? Frei bin ich, jede Nacht als kleine Todesschwelle zu überschreiten und vor der Überfahrt mein Leben zu sichten, zu richten in einer Tagesrückschau. Nicht als Richter, eher als Gärtner: Was ist denn da gewachsen? Was ist Leben geworden?

Peter Handke hat einen Essay geschrieben: *Versuch über den geglückten Tag*. In unvergleichlich subtiler Weise kommuniziert er mit einer Tagesration Zeit, wie sie uns zugemessen ist, wie wir sie antreffen, behindern oder zum Aufblühen bringen, wie sie sich uns selbst schenkt, und er probiert aus, mannigfaltig, was zu tun ist, damit wir uns des Geschenkes würdig erweisen. Er entwickelt eine Sprache, gibt seiner Sprache den Schatten, um die Offenbarung der Zeit zu fassen. Und fragt immer wieder: Hast du schon einen geglückten Tag erlebt? (Wohlgemerkt: einen geglückten Tag! Nicht einen Tag, der dich glücklich machte.) Handke stößt in immer neuen Versuchen vor zum Wesen des Tages, zum zarten Wesen der Zeit. Und es wird erlebbar: die Zeit harrt der Erlösung. Sie wartet auf solche vom Menschen unternommene Bewegung. Hier eine Passage aus dem Buch:

Statt den »Augenblick würdigen« sollte es richtiger heißen »beherzigen«.

Der Lauf des Tags, gerade mit seinen Engen, bewusst gemacht – ist das nicht schon eine Art von Verwandlung? –, kann mir, wie nichts sonst, bedeuten, wie ich bin! Innehalten in deiner ewigen Unruhe, und es kommt zur Ruhe auf der Flucht. Und indem es zur Ruhe kam auf der Flucht, kam es zum Hören. Hörend bin ich auf der Höhe.

Jetzt ist es ausgesprochen: Der oben erfragte Ausgleich, die Gegenbewegung, die uns Mensch bleiben lässt, auch in zeitlosen Zeiten, besteht im Hören.

SPRICH AUCH DU hat als Goldhintergrund HÖRE AUCH DU!

In der zwölften Klasse hatte ich gefragt: Wie richtet ihr die Sprache zu Gott? In der sechsten Klasse hingegen hätte ich so nie gefragt: Wenn es keine Gebete gäbe, keinen religiösen Kultus, keine Sakramente – hätten wir dennoch religiöse Sprachmöglichkeiten?

Hier fragte ich stattdessen: Was gehört zum Beten, was brauchen wir dazu? Prompte Antwort: eine Adresse, Gebetsworte und Ruhe!

Wie horchte ich auf, diese Erkenntnis, dass Ruhe dazugehört, von meiner sonst pausenlos redenden sechsten Klasse zu hören!

Im Gespräch fanden wir dann heraus, dass die Wörter allein den Adressaten wahrscheinlich verfehlen würden, wenn sie nicht aus der Ruhe gesprochen würden, und dass Stille die Wörter mit etwas umgibt, einer Aura vielleicht, so, wie ein lebendiger Same von einer Aura umgeben ist. Seither probieren wir das aus. Vor und nach jedem Satz des Vaterunser hören wir auf die Stille. Und wenn da gerade vom Flur her ein Lärm in die Klasse dringt, kein Problem, niemand zweifelt an, dass da doch Stille ist zwischen den Sätzen, dass es nur an unserem Hinhören liegt, diese zu bemerken. Wir verhelfen dann der Stille, da zu sein. Sie offenbart sich dann als gewonnene Zeit.

Dieses Stille-Erhören, dieses andere Zeiterleben, das gilt für bestehende Gebetsworte ebenso wie für erfundene. Gebete erhören nicht mehr nur die Götter (Erhöre uns!), sondern der Betende selbst kann sich als einen Hörenden erleben. Im Anfang war das Wort. Das war bei Gott. Im Anfangen aber ist das Hören. Und das ist bei uns. Anfangen. Anfänger sein. Unsere Chance.

Kultur ist wie nie zuvor etwas Technisches geworden. Auf digitaler Technik beruht alles »Fortschrittliche«, so wird es genannt und allgemein auch als solches erlebt und angestrebt. Grundstoff aller Bewegung, aller Äußerung dieser Kultur ist das Netz. Das Netz in seiner bisher intensivsten Verdichtung und Energie. Dieses allgegenwärtige Grundmedium, diese unsichtbare Strahlkraft, katapultiert uns, die wir leben und als Lebe-Wesen mehr als technische Apparate sind, an die Schwelle. Wir sind die Schwachstelle. Dem aber verdanken wir ein zeitgemäßes Aufwachenkönnen: Aufwachen für die Wirklichkeit der Schwelle, für die Zeit-Aura, die vor und nach und dauernd während allen körperlichen Daseins vorhanden ist, das heißt zugleich aufwachen für die geistige Dimension des allgegenwärtigen Todes, oder genauer gesagt für das, was durch den Tod freigelegt wird, betretbar wird: *Gehe, wo du nicht kannst, sieh, wo du siehest nicht, hör, wo nichts klingt und schallt, dann bist du, wo Gott ist.* (Angelus Silesius)

Ohne mit meinem ethischen Üben und Praktizieren aufzuhören, denn ich lebe weiterhin im sozialen und erweiterten sozialen Raum, kann ich jetzt anfangen, auch Religion neu zu verwirklichen.

(Und um noch einmal zu meinem Einstieg zurückzufädeln: dem Dalai Lama wird dies alles nichts Neues sein. Ich bin ihm dankbar für seine Provokation: Ethik sei wichtiger als Religion. Letztlich wird er sagen ja ja ja – nee nee nee – ja …)

6

Anfang

Bereits jetzt wird in einigen Städten Deutschlands, so auch in München, die fünfte Generation des Mobilfunks installiert. Noch nicht in vollem Umfang, anfänglich erst. Parallel dazu geschieht aber auch dies: Einzelne Dörfer und Landgemeinden verweigern den Anschluss an 5G! Wir werden Erfahrungen machen in den folgenden Jahren, andere Bücher werden darüber geschrieben werden. Ich werde sehen, wie weit ich komme mit meinen Empfehlungen: Verwende deine Energie im Verwirklichen der ausgleichenden Maßnahmen. Übe deinen angstbefreiten Sinn für das Sowohl-als-auch, integriere den Schatten, zuvörderst deinen eigenen, um freie Sicht zu bekommen für das, was dich umgibt. Auch als die Welt der Verstorbenen! Und geh der Frage nach: Was offenbart sich als Schatten der untersinnlichen Strahlung? Werde ein Wahr-Nehmender, ein die reine Gegenwart Erhörender. Wache auf an der Schwelle und habe einen Blick fürs Ganze, Bild und Nachbild. Fange an. Sei ein Anfänger unter Anfängern. Sprich auch du. Sprich zum geistigen Grund der Welt.

Somit reiche ich nun auch Pauls Celans Flaschenpost weiter. Jeder mag sie erneut immer wieder selber öffnen und lesen und hören, was sie ihm zeitigt.

Paul Celan wäre in diesem Jahr 2020 einhundert Jahre alt geworden.

Nachwort

Es bleibt die Frage: Was ist denn zwischen den Antipoden Ja und Nein, was lebt da im Zwischenraum, ja was wohnt da in der Zone inmitten der Widersprüche? Ist das nur eine abstrakte, eine laue Mitte? Und: Was für eine Haltung muss ich einnehmen, um hier wirklich wahrnehmungsfähig zu werden und vordringen zu können zu einer Begegnung mit dieser Mitte, nämlich so, dass sie sich öffnen kann und zu erkennen gibt: als eine Heilkraft, als ein Wesen?

In dem Buch *Mandorla – Expedition in den Zwischenraum* gehe ich diesen Fragen auf den Grund. Es geht um die Lebenskunst der Wahrnehmung. *Mandorla* heißt ein Gedicht von Paul Celan. Mandorla ist aber auch der kunsthistorische Begriff für die mandelförmige Aura des Christus, wie er sich uns neu naht.